Pe. Paulo Saraiva

Frei Galvão
Novena e história

7ª edição – 2008
3ª reimpressão – 2021

Citações bíblicas: *Bíblia Sagrada* – tradução da CNBB, 2ª ed., 2002.

Editora responsável: Celina Weschenfelder
Equipe editorial

Nenhuma parte desta obra poderá ser reproduzida ou transmitida por qualquer forma e/ou quaisquer meios (eletrônico ou mecânico, incluindo fotocópia e gravação) ou arquivada em qualquer sistema ou banco de dados sem permissão escrita da Editora. Direitos reservados.

Paulinas
Rua Dona Inácia Uchoa, 62
04110-020 – São Paulo – SP (Brasil)
Tel.: (11) 2125-3500
http://www.paulinas.com.br – editora@paulinas.com.br
Telemarketing e SAC: 0800-7010081
© Pia Sociedade Filhas de São Paulo – São Paulo, 2005

Introdução

Antônio de Sant'Anna Galvão nasceu em 1739, na cidade de Guaratinguetá (SP), próxima à Aparecida. O pai, Antônio Galvão, era imigrante português, e sua mãe, Isabel Leite de Barros, natural de Pindamonhangaba (SP). Por serem profundamente católicos, logo batizaram o pequeno Antônio na Matriz de Santo Antônio, em Guaratinguetá.

Desde pequeno, Antônio sabia o que queria: ser sacerdote e missionário. Em 1760, ingressou no Noviciado dos Frades Menores (franciscanos). Em 11 de julho de 1762, foi ordenado sacerdote no Rio de Janeiro. Com 24 anos, recém-ordenado, tomou o rumo para São Paulo a pé. No trajeto, aproveitou a oportunidade para evangelizar as populações do Vale do Paraíba.

Na capital paulista, dedicou-se ao serviço de sua ordem religiosa e à fundação do Recolhimento de Nossa Senhora da Conceição da Divina Providência, o conhecido Mosteiro da Luz. Foram tempos de muito trabalho e também de sofrimentos. Atualmente, além do mosteiro, o Recolhimento abriga o Museu de Arte Sacra.

Em 23 de dezembro de 1822, faleceu Frei Galvão. A pedido do povo, foi sepultado na Igreja do Recolhimento, construída por ele mesmo. Seus restos mortais repousam em frente ao altar-mor. Em 25 de outubro de 1998, em Roma, o Papa João Paulo II o declarou beato. Todos os brasileiros exultaram de alegria, pois a Igreja nos presenteava com o primeiro bem-aventurado, reconhecendo e enaltecendo suas virtudes e seus milagres. O Papa Bento XVI reconheceu, em 16 de dezembro de 2006, o segundo milagre do frei; com isso, ele se tornou o primeiro brasileiro nato a ser declarado santo pelo Vaticano. A canonização se deu em 11 de maio de 2007, durante a missa campal que o Papa Bento XVI celebrou em São Paulo, durante sua visita ao Brasil.

PRIMEIRO DIA

Antônio de Sant'Anna Galvão, servo de Maria

Canto: Deus trino[1]

*Em nome do Pai, em nome do Filho,
em nome do Espírito Santo, estamos aqui.
(bis)*

Para louvar e agradecer, bendizer e adorar,
Estamos aqui, Senhor, ao teu dispor.
Para louvar e agradecer, bendizer e adorar,
Te aclamar, Deus trino de amor.

Oração inicial

    Meu querido Frei Galvão, bem-aventurado bandeirante de Cristo, com amor pro-

---

[1] Paulo Roberto dos Santos, autor da letra e da música.

fundo a Jesus e sua Mãe, Maria Santíssima, entregastes a vossa vida inteira nas mãos de Deus. Peço-vos que rogueis a Deus, Nosso Senhor, por mim, por meus entes queridos e por nossa pátria. Alcançai-me uma fé autêntica e laboriosa, semelhante à vossa. Olhai os doentes e intercedei junto a Deus por eles a fim de que fiquem curados. Auxiliai-me em minhas necessidades e trabalhos e, de modo especial, pedi a Deus que me conceda a graça que pretendo alcançar com esta novena (*fazer o pedido*). Amém.

Leitura bíblica

"Maria disse ao anjo: 'Eis aqui a serva do Senhor! Faça-se em mim segundo a tua palavra'" (Lc 1,38).

Meditação

Nossa Senhora ocupou um lugar muito especial na vida de Frei Galvão. Na igreja construída por ele, no Mosteiro da Luz, em São Paulo, a imagem da Virgem da Imaculada Conceição tem um lugar de destaque. Mas não foi só no altar que a Mãe de Jesus conquistou o principal lugar. Em 9 de novembro de 1766, aos 27 anos, frei Galvão, com pena e tinta, colocou no papel o que trazia no coração: uma enorme devoção a Maria. Escreveu de próprio punho a "Cédula irrevogável de filial entrega a Maria Santíssima, minha Senhora, digna Mãe e Advogada".

Hoje peçamos que Deus, por intercessão de Frei Galvão, nos conceda a graça especial de uma devoção filial à Mãe de Jesus.

Oração final

Meu querido Frei Galvão, intercedei junto a Jesus por mim, para que eu tenha uma verdadeira devoção a sua Santíssima Mãe. Que este amor filial conduza minha vida no caminho da vontade de Deus e que eu faça sempre aquilo que "Jesus disser" (cf. Jo 2,5). Amém.

Pai-Nosso, Ave-Maria e Glória-ao-Pai.

Santo Antônio de Sant'Anna, intercedei junto a Deus por nós e por nossas necessidades.

SEGUNDO DIA

Antônio de Sant'Anna, homem da paz

Canto: Deus trino

Em nome do Pai, em nome do Filho, em nome do Espírito Santo, estamos aqui. (bis)

Para louvar e agradecer, bendizer e adorar,
Estamos aqui, Senhor, ao teu dispor.
Para louvar e agradecer, bendizer e adorar,
Te aclamar, Deus trino de amor.

Oração inicial

Meu querido Frei Galvão, bem-aventurado bandeirante de Cristo, com amor profundo a Jesus e sua Mãe, Maria Santíssima, entregastes a vossa vida nas mãos de Deus. Peço-vos que rogueis a Deus, Nosso

Senhor, por mim, por meus entes queridos e por nossa pátria. Alcançai-me uma fé autêntica e laboriosa, semelhante à vossa. Olhai os doentes e intercedei junto a Deus por eles a fim de que fiquem curados. Auxiliai-me em meus trabalhos e necessidades e, de modo especial, pedi a Deus que me conceda a graça que pretendo alcançar com esta novena (*fazer o pedido*). Amém.

Leitura bíblica

"Jesus entrou e pôs-se no meio deles. Disse: 'A paz esteja convosco'. [...] Os discípulos, então, se alegraram por verem o Senhor. Jesus disse, de novo: 'A paz esteja convosco'" (Jo 20,19-21).

Meditação

Santo Antônio de Sant'Anna, o Frei Galvão, foi um pregador e um construtor da paz. Por todos os lugares por onde passava, pedia a Deus que ela acontecesse, de maneira especial entre as famílias.

Certa vez, ao passar pela cidade de Itu (SP), hospedou-se na casa de uma família. O Espírito de Deus tocou-lhe para que recusasse o quarto a ele preparado e pedisse para dormir no quarto do casal. Apesar de estranharem o pedido, eles lhe cederam o quarto. Dessa forma, foram dormir em outro lugar. Ao amanhecer, encontraram a cama sem uso, pois Frei Galvão passara a noite em oração, e as discórdias que imperavam entre o casal desapareceram.

Oração final

Santo Antônio de Sant'Anna, homem da paz, olhai este nosso mundo maculado pelo desentendimento e pela violência, que não se limitam apenas aos países em guerra, mas invadem nossas cidades e ameaçam nossos lares. Pedi que o Senhor faça brotar no seio de minha família a semente da paz. Que ela brote e espalhe seus ramos e alcance a humanidade. Amém.

Pai-Nosso, Ave-Maria e Glória-ao-Pai.
Santo Antônio de Sant'Anna, intercedei a Deus por nós e por nossas necessidades.

TERCEIRO DIA

Antônio de Sant'Anna Galvão, prudente conselheiro

Canto: Deus trino

*Em nome do Pai, em nome do Filho,
em nome do Espírito Santo, estamos aqui.*
(bis)

Para louvar e agradecer, bendizer e adorar,
Estamos aqui, Senhor, ao teu dispor.
Para louvar e agradecer, bendizer e adorar,
Te aclamar, Deus trino de amor.

Oração inicial

Meu querido Frei Galvão, bem-aventurado bandeirante de Cristo, com amor profundo a Jesus e sua Mãe, Maria Santíssima, entregastes a vossa vida nas mãos de

Deus. Peço-vos que rogueis a Deus, Nosso Senhor, por mim, por meus entes queridos e por nossa pátria. Alcançai-me uma fé autêntica e laboriosa, semelhante à vossa. Olhai os doentes e intercedei junto a Deus por eles a fim de que fiquem curados. Auxiliai-me em meus trabalhos e necessidades e, de modo especial, pedi a Deus que me conceda a graça que pretendo alcançar com esta novena (*fazer o pedido*). Amém.

Leitura bíblica

"[...] nasceu para nós um menino, um filho nos foi dado. [...] Seu nome será Maravilhoso Conselheiro [...]" (Is 9,5). "A boca fala daquilo de que o coração está cheio. Quem é bom faz sair coisas boas de seu tesouro, que é bom" (Mt 12,34-35).

Meditação

Muitas pessoas procuravam Frei Galvão para ouvir seus sábios conselhos. Além daqueles que vinham da cidade e de outros lugares, eram as irmãs do Convento da Luz as mais atentas ouvintes de seus aconselhamentos. Nosso querido santo buscava na profundidade da oração e do contato com Deus a inspiração para aconselhar leigos e religiosas. A estas, sempre indicava o caminho da oração e da santificação.

Oração final

Meu querido Frei Galvão, homem do bom conselho, alcançai-me do Senhor a graça de saber buscar na sabedoria divina as respostas necessárias para que eu possa viver como um autêntico cristão. Ajudai-me a superar a superficialidade das decisões apressadas e das respostas fáceis. Quero ser um construtor de um mundo melhor. Amém.

Pai-Nosso, Ave-Maria e Glória-ao-Pai.

Santo Antônio de Sant'Anna, intercedei junto a Deus por minhas necessidades.

QUARTO DIA

Antônio de Sant'Anna Galvão, homem da caridade

Canto: Deus trino

*Em nome do Pai, em nome do Filho,
em nome do Espírito Santo, estamos aqui.*
(bis)

Para louvar e agradecer, bendizer e adorar,
Estamos aqui, Senhor, ao teu dispor.
Para louvar e agradecer, bendizer e adorar,
Te aclamar, Deus trino de amor.

Oração inicial

Meu querido Frei Galvão, bem-aventurado bandeirante de Cristo, com amor profundo a Jesus e sua Mãe, Maria Santíssima, entregastes a vossa vida nas mãos de Deus. Peço-vos que rogueis a Deus, Nosso Senhor, por mim, por meus entes queridos e por nossa pátria. Alcançai-me uma fé autêntica e laboriosa, semelhante à vossa. Olhai os doentes e intercedei junto a Deus por eles a fim de que fiquem curados. Auxiliai-me em meus trabalhos e necessidades e, de modo especial, pedi a Deus que me conceda a graça que pretendo alcançar com esta novena (*fazer o pedido*). Amém.

Leitura bíblica

"O Espírito do Senhor está sobre mim, pois ele me consagrou com a unção, para anunciar a Boa-Nova aos pobres: enviou-me para proclamar a libertação aos presos e, aos cegos, a recuperação da vista; para dar liberdade aos oprimidos e proclamar um ano de graça da parte do Senhor" (Lc 4,18-20).

Meditação

Frei Galvão nunca deixou de amparar os pobres. Tinha especial alegria em oferecer-lhes os donativos que ganhava de benfeitores. Com os mesmos recursos, utilizava-se de outro expediente para aliviar-lhes os sofrimentos: dirigia-se ao comércio local para saldar as dívidas dos mais pobres. Como viveu no período da escravidão, sempre tratava os escravos como irmãos. É sua a frase: "Mais pode um pai maltratar seu filho do que o senhor a seu escravo, porque são nossos irmãos".

Oração final

Meu querido Frei Galvão, aprendestes de vosso pai, São Francisco, a dedicar amor aos mais pobres. Quantos ainda hoje padecem na miséria e no sofrimento. Plantai em meu coração, pela bondade de Jesus, o cuidado para com os mais necessitados. Possibilitai em minha vida o aprendizado que só a caridade pode dar. Amém.

Pai-Nosso, Ave-Maria e Glória-ao-Pai.

Santo Antônio de Sant'Anna, intercedei junto a Deus por nós e por nossas necessidades.

QUINTO DIA

Antônio de Sant'Anna Galvão, construtor de prédios e de almas

Canto: Deus trino

Em nome do Pai, em nome do Filho, em nome do Espírito Santo, estamos aqui. (bis)

Para louvar e agradecer, bendizer e adorar,
Estamos aqui, Senhor, ao teu dispor.
Para louvar e agradecer, bendizer e adorar,
Te aclamar, Deus trino de amor.

Oração inicial

Meu querido Frei Galvão, bem-aventurado bandeirante de Cristo, com amor profundo a Jesus e sua Mãe, Maria Santíssima, entregastes a vossa vida nas mãos de

Deus. Peço-vos que rogueis a Deus, Nosso Senhor, por mim, por meus entes queridos e por nossa pátria. Alcançai-me uma fé autêntica e laboriosa, semelhante à vossa. Olhai os doentes e intercedei junto a Deus por eles a fim de que fiquem curados. Auxiliai-me em meus trabalhos e necessidades e, de modo especial, pedi a Deus que me conceda a graça que pretendo alcançar com esta novena (*fazer o pedido*). Amém.

Leitura bíblica

"Em Cristo Jesus, a construção toda, bem travada, vai crescendo e formando um templo santo no Senhor. Vós também fazeis parte dessa construção e vos tornais, no Espírito, morada de Deus" (Ef 2,21-22).

Meditação

Tomou para si, nosso querido Frei Galvão, a responsabilidade pela construção do Recolhimento de Nossa Senhora da

Conceição, o conhecido Mosteiro da Luz, localizado na capital paulista. À custa de muito trabalho e na dependência apenas de esmolas e da Divina Providência, desdobrou-se entre a tarefa de pedinte e de pedreiro. Preocupava-se não somente com a construção da casa, mas também com as pessoas que habitavam o Recolhimento, a quem cuidava com extremo zelo. Construía, assim, edifícios sólidos de concreto e pessoas, das quais era pai espiritual e conselheiro.

Oração final

Neste dia, Frei Galvão, intercedei junto a Deus por mim para que eu tenha forças para realizar bem as "construções" para as quais fui chamado. Compreendo que nem todas são de tijolos e concreto, por isso peço vossa valiosa intercessão para que eu possa construir uma família, uma profissão, uma vida e um mundo mais felizes. Amém.

Pai-Nosso, Ave-Maria e Glória-ao-Pai.
Santo Antônio de Sant'Anna, intercedei junto a Deus por nós e por nossas necessidades.

SEXTO DIA

Antônio de Sant'Anna Galvão, homem muito religioso

Canto: Deus trino

Em nome do Pai, em nome do Filho, em nome do Espírito Santo, estamos aqui. (bis)

Para louvar e agradecer, bendizer e adorar,
Estamos aqui, Senhor, ao teu dispor.
Para louvar e agradecer, bendizer e adorar,
Te aclamar, Deus trino de amor.

Oração inicial

Meu querido Frei Galvão, bem-aventurado bandeirante de Cristo, com amor profundo a Jesus e sua Mãe, Maria Santíssima, entregastes a vossa vida nas mãos de

Deus. Peço-vos que rogueis a Deus, Nosso Senhor, por mim, por meus entes queridos e por nossa pátria. Alcançai-me uma fé autêntica e laboriosa, semelhante à vossa. Olhai os doentes e intercedei junto a Deus por eles a fim de que fiquem curados. Auxiliai-me em meus trabalhos e necessidades e, de modo especial, pedi a Deus que me conceda a graça que pretendo alcançar com esta novena (*fazer o pedido*). Amém.

Leitura bíblica

"Religião pura e sem mancha diante de Deus e Pai é esta: assistir os órfãos e as viúvas em suas dificuldades e guardar-se livre da corrupção do mundo" (Tg 1,27).

Meditação

Frei Galvão foi definido como "homem religiosíssimo" pela Câmara Municipal de São Paulo, em documento oficial de 1798. Certamente, ele buscou em tudo a vivência da religião; em outras palavras, sempre viveu em comunhão com Deus. Vivenciou a radicalidade dos votos religiosos e a caridade para com o próximo. Não tinha nada para si: vivia a pureza de sua entrega a Deus, obedecia a Deus e a seus superiores e, sobretudo, amava seus irmãos e socorria os necessitados.

Oração final

Meu querido Frei Galvão, intercedei junto ao Senhor por mim e alcançai-me a graça de ser um autêntico cristão. Assim, ligado a Deus, que eu possa ser justo, autêntico, pacífico, amoroso e cheio do Espírito Santo de Deus. Ajudai-me a viver longe da mentira, do ódio, da vingança e da falsidade para que eu seja bom como Deus é bom. Amém.

Pai-Nosso, Ave-Maria e Glória-ao-Pai.

Santo Antônio de Sant'Anna, intercedei junto a Deus por nós e por nossas necessidades.

SÉTIMO DIA

Antônio de Sant'Anna Galvão, homem da misericórdia

Canto: Deus trino

Em nome do Pai, em nome do Filho, em nome do Espírito Santo, estamos aqui. (bis)

Para louvar e agradecer, bendizer e adorar,
Estamos aqui, Senhor, ao teu dispor.
Para louvar e agradecer, bendizer e adorar,
Te aclamar, Deus trino de amor.

Oração inicial

Meu querido Frei Galvão, bem-aventurado bandeirante de Cristo, com amor profundo a Jesus e sua Mãe, Maria Santíssima, entregastes a vossa vida nas mãos de Deus. Peço-vos que rogueis a Deus, Nosso

Senhor, por mim, por meus entes queridos e por nossa pátria. Alcançai-me uma fé autêntica e laboriosa, semelhante à vossa. Olhai os doentes e intercedei junto a Deus por eles a fim de que fiquem curados. Auxiliai-me em meus trabalhos e necessidades e, de modo especial, pedi a Deus que me conceda a graça que pretendo alcançar com esta novena (*fazer o pedido*). Amém.

Leitura bíblica

"Amai os vossos inimigos, fazei o bem e prestai ajuda sem esperar coisa alguma em troca. Então, a vossa recompensa será grande. Sereis filhos do Altíssimo, porque ele é bondoso também para com os ingratos e maus" (Lc 6,35).

Meditação

Incapaz de ver o sofrimento de qualquer pessoa, Frei Galvão sempre socorria quem lhe vinha ao encontro com qualquer tipo de problema. Atento às necessidades físicas e espirituais de todos os que encontrava, sempre tinha uma palavra de alento e uma bênção. Dono de sensibilidade aguçada, adiantava-se ao irmão que mais sofria para confortá-lo.

Oração final

Frei Galvão, ajudai-me a ouvir o apelo de Jesus: "Sede misericordiosos como vosso Pai é misericordioso" (Lc 6,36). Quero aprender a viver a misericórdia de Deus para que as graças que recebo todos os dias das mãos do Pai sejam partilhadas com meus irmãos e irmãs. Amém.

Pai-Nosso, Ave-Maria e Glória-ao-Pai.

Santo Antônio de Sant'Anna, intercedei a Deus por nós e por nossas necessidades.

OITAVO DIA

Antônio de Sant'Anna Galvão, bandeirante de Cristo

Canto: Deus trino

Em nome do Pai, em nome do Filho, em nome do Espírito Santo, estamos aqui. (bis)

Para louvar e agradecer, bendizer e adorar,
Estamos aqui, Senhor, ao teu dispor.
Para louvar e agradecer, bendizer e adorar,
Te aclamar, Deus trino de amor.

Oração inicial

Meu querido Frei Galvão, bem-aventurado bandeirante de Cristo, com amor profundo a Jesus e sua Mãe, Maria Santíssima, entregastes a vossa vida nas mãos de

Deus. Peço-vos que rogueis a Deus, Nosso Senhor, por mim, por meus entes queridos e por nossa pátria. Alcançai-me uma fé autêntica e laboriosa, semelhante à vossa. Olhai os doentes e intercedei junto a Deus por eles a fim de que fiquem curados. Auxiliai-me em meus trabalhos e necessidades e, de modo especial, pedi a Deus que me conceda a graça que pretendo alcançar com esta novena (*fazer o pedido*). Amém.

Leitura bíblica

São Paulo, apóstolo, fala das dificuldades em suas viagens missionárias: "[...] fiz inúmeras viagens, com perigos de rios, perigos de ladrões [...] perigos na cidade, perigos em regiões desertas [...] fome e sede, frequentes jejuns, frio, nudez" (2Cor 11,26).

Meditação

Frei Galvão enfrentou desafios e percorreu muitos caminhos, no estado de São Paulo e fora dele, para anunciar e comunicar a todos o Evangelho de Cristo. Tinha predileção por fazer as viagens a pé, em espírito de oração e de consagração a Cristo na pobreza. Não encontrava dificuldade na distância, no calor ou frio nem nas precárias condições das estradas. Incansável evangelizador, é um exemplo para a Igreja Missionária do terceiro milênio e para cada um de nós.

Oração final

Meu querido Frei Galvão, intercedei junto ao Senhor por mim para que eu siga sempre em frente, na presença de Deus, sem nada temer. Auxiliai-me a vencer todos os medos e as dificuldades que possam obstruir o caminho de minha vida. Concedei-me coragem e determinação para que eu enfrente todos os obstáculos. Amém.

Pai-Nosso, Ave-Maria e Glória-ao-Pai.

Santo Antônio de Sant'Anna, intercedei junto a Deus por nós e por nossas necessidades.

NONO DIA

Antônio de Sant'Anna Galvão, homem dos milagres

Canto: Deus trino

Em nome do Pai, em nome do Filho, em nome do Espírito Santo, estamos aqui. (bis)

Para louvar e agradecer, bendizer e adorar,
Estamos aqui, Senhor, ao teu dispor.
Para louvar e agradecer, bendizer e adorar,
Te aclamar, Deus trino de amor.

Oração inicial

Meu querido Frei Galvão, bem-aventurado bandeirante de Cristo, com amor profundo a Jesus e sua Mãe, Maria Santíssima, entregastes a vossa vida nas mãos de Deus. Peço-vos que rogueis a Deus, Nosso Senhor, por mim, por meus entes queridos e por nossa pátria. Alcançai-me uma fé autêntica e laboriosa, semelhante à vossa. Olhai os doentes e intercedei junto a Deus por eles a fim de que fiquem curados. Auxiliai-me em meus trabalhos e necessidades e, de modo especial, pedi a Deus que me conceda a graça que pretendo alcançar com esta novena (*fazer o pedido*). Amém.

Leitura bíblica

"Ide contar a João o que estais ouvindo e vendo: cegos recuperam a vista, paralíticos andam, leprosos são curados, surdos ouvem, mortos ressuscitam e aos pobres se anuncia a Boa-Nova" (Mt 11,4-5).

Meditação

São muito famosas as pílulas do Frei Galvão, ideia surgida de uma inspiração que teve o nosso santo quando foi procurado por um jovem que sofria fortes dores provenientes de cálculos na vesícula.

Lembrando-se da poderosa intercessão da Virgem Maria, ele tomou um pequeno pedaço de papel e nele escreveu a breve oração: *Post partum, Virgo, inviolata permansisti: Dei genitrix, intercede pro nobis* [Depois do parto, ó Virgem, permaneceste intacta: Mãe de Deus, intercede por nós]. Enrolou o papelzinho e deu para o jovem engolir. Logo depois, o rapaz expeliu o cálculo e ficou curado. A partir de então, até os dias de hoje, as pílulas do Frei Galvão podem ser encontradas no Mosteiro da Luz.

Oração final

Meu querido Frei Galvão, um dos mais preciosos dons de Deus é o da saúde. Intercedei junto a Deus por mim para que eu alcance e mantenha minha saúde a fim de dedicar-me aos meus irmãos. Aliviai meus sofrimentos. Fortalecei todo o meu ser para suportar as provações. Dai-me a alegria de servir aos doentes, pois assim estarei servindo ao meu Senhor. Amém.

Pai-Nosso, Ave-Maria e Glória-ao-Pai.

Santo Antônio de Sant'Anna, intercedei junto a Deus por nós e por nossas necessidades.

Como obter as pílulas de Frei Galvão

As pílulas podem ser obtidas diretamente no Mosteiro da Luz, em São Paulo, ou pelo correio. Para isso, envie um envelope selado com o seu endereço e uma cartinha solicitando as pílulas. Peça que rezem por você e pela sua intenção.

O endereço é:

Mosteiro da Imaculada Conceição da Luz
Av. Tiradentes, 676 – Bairro da Luz
01102-000 – São Paulo – SP

Oração de Santo Antônio de Sant'Anna

Santíssima Trindade,
Pai, Filho, Espírito Santo:
eu vos adoro, louvo e dou graças pelos
benefícios que me fizeste.
Peço-vos, por tudo o que fez,
e sofreu vosso servo,
Frei Antônio de Sant'Anna Galvão,
que aumenteis em mim a fé,
a esperança e a caridade
e vos digneis conceder-me
a graça que ardentemente desejo.
Amém.
Pai-Nosso, Ave-Maria e Glória-ao-Pai.
Santo Antônio de Sant'Anna,
intercedei a Deus por nós
e por nossas necessidades.

Coleção Nossas Devoções

- *Dulce dos Pobres: novena e biografia* – Marina Mendonça
- *Francisco de Paula Victor: história e novena* – Aparecida Matilde Alves
- *Frei Galvão: novena e história* – Pe. Paulo Saraiva
- *Imaculada Conceição* – Francisco Catão
- *Jesus, Senhor da vida: dezoito orações de cura* – Francisco Catão
- *João Paulo II: novena, história e orações* – Aparecida Matilde Alves
- *João XXIII: biografia e novena* – Marina Mendonça
- *Maria, Mãe de Jesus e Mãe da Humanidade: novena e coroação de Nossa Senhora* – Aparecida Matilde Alves
- *Menino Jesus de Praga: história e novena* – Giovanni Marques Santos
- *Nhá Chica: Bem-aventurada Francisca de Paula de Jesus* – Aparecida Matilde Alves
- *Nossa Senhora Aparecida: história e novena* – Maria Belém
- *Nossa Senhora da Cabeça: história e novena* – Mario Basacchi
- *Nossa Senhora da Luz: novena e história* – Maria Belém
- *Nossa Senhora da Penha: novena e história* – Maria Belém
- *Nossa Senhora da Salete: história e novena* – Aparecida Matilde Alves
- *Nossa Senhora das Graças ou Medalha Milagrosa: novena e origem da devoção* – Mario Basacchi
- *Nossa Senhora de Caravaggio: história e novena* – Leomar A. Brustolin e Volmir Comparin
- *Nossa Senhora de Fátima: novena* – Tarcila Tommasi
- *Nossa Senhora de Guadalupe: novena e história das aparições a São Juan Diego* – Maria Belém
- *Nossa Senhora de Nazaré: novena e história* – Maria Belém
- *Nossa Senhora Desatadora dos Nós: história e novena* – Frei Zeca
- *Nossa Senhora do Bom Parto: novena e reflexões bíblicas* – Mario Basacchi
- *Nossa Senhora do Carmo: novena e história* – Maria Belém
- *Nossa Senhora do Desterro: história e novena* – Celina Helena Weschenfelder
- *Nossa Senhora do Perpétuo Socorro: história e novena* – Mario Basacchi
- *Nossa Senhora Rainha da Paz: história e novena* – Celina Helena Weschenfelder
- *Novena à Divina Misericórdia* – Tarcila Tommasi

- *Novena das Rosas: história e novena de Santa Teresinha do Menino Jesus* – Aparecida Matilde Alves
- *Novena em honra ao Senhor Bom Jesus* – José Ricardo Zonta
- *Ofício da Imaculada Conceição: orações, hinos e reflexões* – Cristóvão Dworak
- *Orações do cristão: preces diárias* – Celina Helena Weschenfelder
- *Os Anjos de Deus: novena* – Francisco Catão
- *Padre Pio: novena e história* – Maria Belém
- *Paulo, homem de Deus: novena de São Paulo Apóstolo* – Francisco Catão
- *Reunidos pela força do Espírito Santo: novena de Pentecostes* – Tarcila Tommasi
- *Rosário dos enfermos* – Aparecida Matilde Alves
- *Rosário por uma transformação espiritual e psicológica* – Gustavo E. Jamut
- *Sagrada Face: história, novena e devocionário* – Giovanni Marques Santos
- *Sagrada Família: novena* – Pe. Paulo Saraiva
- *Sant'Ana: novena e história* – Maria Belém
- *Santa Cecília: novena e história* – Frei Zeca
- *Santa Edwiges: novena e biografia* – J. Alves
- *Santa Filomena: história e novena* – Mario Basacchi
- *Santa Gemma Galgani: história e novena* – José Ricardo Zonta
- *Santa Joana d'Arc: novena e biografia* – Francisco de Castro
- *Santa Luzia: novena e biografia* – J. Alves
- *Santa Maria Goretti: história e novena* – José Ricardo Zonta
- *Santa Paulina: novena e biografia* – J. Alves
- *Santa Rita de Cássia: novena e biografia* – J. Alves
- *Santa Teresa de Calcutá: biografia e novena* – Celina Helena Weschenfelder
- *Santa Teresinha do Menino: novena e biografia* – Jesus Mario Basacchi
- *Santo Afonso de Ligório: novena e biografia* – Mario Basacchi
- *Santo Antônio: novena, trezena e responsório* – Mario Basacchi
- *Santo Expedito: novena e dados biográficos* – Francisco Catão
- *Santo Onofre: história e novena* – Tarcila Tommasi
- *São Benedito: novena e biografia* – J. Alves

- *São Bento: história e novena* – Francisco Catão
- *São Brás: história e novena* – Celina Helena Weschenfelder
- *São Cosme e São Damião: biografia e novena* – Mario Basacchi
- *São Cristóvão: história e novena* – Mário José Neto
- *São Francisco de Assis: novena e biografia* – Mario Basacchi
- *São Francisco Xavier: novena e biografia* – Gabriel Guarnieri
- *São Geraldo Majela: novena e biografia* – J. Alves
- *São Guido Maria Conforti: novena e biografia* – Gabriel Guarnieri
- *São José: história e novena* – Aparecida Matilde Alves
- *São Judas Tadeu: história e novena* – Maria Belém
- *São Marcelino Champagnat: novena e biografia* – Ir. Egidio Luiz Setti
- *São Miguel Arcanjo: novena* – Francisco Catão
- *São Pedro, Apóstolo: novena e biografia* – Maria Belém
- *São Peregrino Laziosi* – Tarcila Tommasi
- *São Roque: novena e biografia* – Roseane Gomes Barbosa
- *São Sebastião: novena e biografia* – Mario Basacchi
- *São Tarcísio: novena e biografia* – Frei Zeca
- *São Vito, mártir: história e novena* – Mario Basacchi
- *Senhora da Piedade: setenário das dores de Maria* – Aparecida Matilde Alves
- *Tiago Alberione: novena e biografia* – Maria Belém